yeahi

Impressum:

Bibliografische Information der Deutschen
Nationalbibliothek: Die Deutsche
Nationalbibliothek verzeichnet diese Publikation in
der Deutschen Nationalbibliografie; detaillierte
bibliografische Daten sind im Internet über
www.dnb.de abrufbar.

© 2020 Peter Oberfrank – Hunziker
Herstellung und Verlag
BoD – Books on Demand, Norderstedt

ISBN 9783750492592

Ein schönes Buch ist ein gutes Buch und es soll auch witzig sein. Die Blumen sind dort wo die Bienen gerne summen ….

Die Bienen sind in Boston zuhause und reisen auch gerne im Sommerurlaub nach Montreal und die Originalkultur ist wie überall in Montreal auch die Indianerkultur. Wenn jedoch viele Leute von verschiedenen Kulturen auch in Montreal sind, dann gibt es verschiedene Sprachen und Zeichen. Im Geschichtsbuch steht geschrieben, dass die englische Sprache als Originalsprache und die deutsche Sprache im Alltag schön verwendet werden sollen ….. besonders zum Sprachen lernen ist dies gut und die allgemeine Buchsprache ist deutsch und es kann auch englisch sein.

Ein schöner Faschingsspruch ist:
„Glücklich sein ist auch spaßig sein
….."

Ein Märchenbuch und viele
Märchenbücher und alle Bücher sind
interessant und kulturvoll.

Montreal Canadiens are also
Sandaliens is a nice memory with
happyling ..... "Peter and Elke are
going to the Nelke flower garden and
then to Madison Square Garden and
then celebrating with musicing and
singing and dancing and balleting
and colouring and wedding and
happy being and playing ....." yeah .
Great nature and colours and sporting
is good and also nice reading in
books and easy writing and "dancing
is happying" and the shoes sandales
are special shoes .... I do remember a
Special Fashion Show with sandales

shoes in Köln by celebrating the NHL Stanley Cup winning and in a nice speech the Coach and Trainer Ernst Happel said: "Clown Peter Oberfrank - Hunziker is a nature Boy and technical worker and nature worker and book author and painter and spacy Flyer and ewigi Boy and nice man and ever NHL icehockeyplayer and also proud NHL Montreal Canadiens Player and Sports doer and also many good People here and also proud NHL Montreal Canadiens Team Stanley Cup winner ..... I Peter Oberfrank - Hunziker said it too and together we said that books are good and english language is fine and also german language and especially reiming in german is funny .... ein netter Reim auf Deutsch ist auch: "In Köln beginnt der Fasching wenn die Montreal Canadiens den NHL

Stanley Cup gewinnen und hier wird noch viel Wasser den Berg hinunterrinnen, weil im Jahr 1999 exakt am 4. 12. 1999 erzielte ich ein schönes Tor mit meinem NHL art Name Peter Oberfrank - Hunziker Wayne Gretzky mit Rückennumer 99 als Teamkapitän des guten NHL Montreal Canadiens Team (….. mit schönen Passspiel von Diego zu Isabelo und mir …..) zum NHL Stanley Cup Sieg der Montreal Canadiens und beim Feiern trug ich das NHL Jersey der Montreal Canadiens in red mit meinem NHL art Name rinnen und da grinsten und lachten die Finnen."

lang lang ist dies schon her und meinem guten Freund Diego versprach ich damals als auch NHL Stanley Cup Winner heute am 10. 3. 2020 einen netten Reim zu machen und dies ist wieder zum Lachen und irgendwann werden die Montreal Canadiens vielleicht wieder den NHL Stanley Cup gewinnen und der Schnee wird wie jedes Jahr im Frühjahr zerrinnen ....

Ich denke auch, dass die „Sandaliens" eine eigene Kulturgruppe sind mit Spezialschuhen Sandalen und Strohhut und sie sagen immer und ewig dies tut gut .... ein Indianer sagt zum Gruß einfach happy ..... easy being is happy being

Ich Peter Oberfrank – Hunziker bin gerne in der Natur und beim Sport und freue mich auch über meine NHL Trophäen und poti ..... Einzigartigkeit ist in Erinnerung und im sein und happy

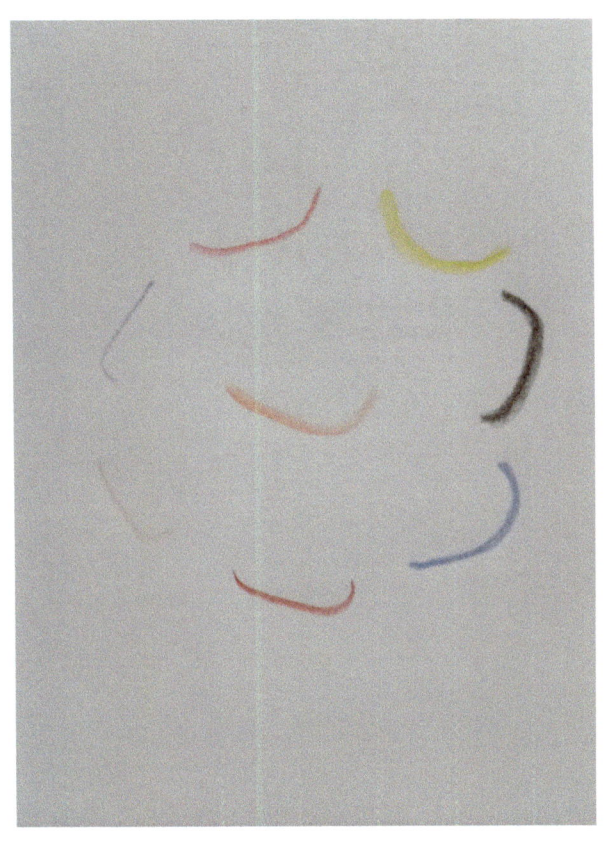

15